中国南阳汉画像石大全

第六卷

凌皆兵　王清建　牛天伟　主编

中原出版传媒集团
大地传媒

大象出版社
·郑州·

目录

卷首语

　　祥瑞是一个抽象的概念，指好事情的兆头或征象。它是在原始的万物有灵信仰和吉凶观念的基础上产生的。发展到汉代，祥瑞思想又融合了汉代盛行的天人合一、天人感应和谶纬迷信思想而逐渐演变为儒家思想体系的一个重要组成部分。祥瑞是美好而罕见的征兆，可以是天上的星象，也可以是自然界的各种动物、植物等，也就是说，祥瑞依托于人们喜爱的事物而具象化。

　　祥瑞动物源于原始的自然崇拜中的动物崇拜。原始人类认为动物和人没有太大的差别，动物与人一样有思想、感情和灵性，它们在某些方面比人类更有优越性，让人类望尘莫及，因而人们就把这些动物视为神灵，进而敬仰崇拜它们，意欲借助它们的神力来抵御凶险，保佑人类。到了汉代，受到天人感应、阴阳五行以及道家神仙思想的影响，各种动物被赋予各种寓意而进一步神秘化。

　　动物是汉画中表现得最丰富、最生动的形象，而其中大部分是具有祥瑞寓意的动物，表达了汉代先民的生活愿望、情感寄托和精神诉求。南阳汉画中的祥瑞动物大致可分为三大类：（1）大自然中存在的动物；（2）以现实中的动物为原型进行局部改造的动物；（3）纯粹虚拟想象的动物。这些祥瑞动物主要有龙、虎、凤、熊、兕、鹿、狮、龟等。汉画中的这些祥瑞动物不单是一种装饰图像，更是汉代先民对未来美好生活强烈期盼的反映。

　　本卷所收录的祥禽瑞兽大多是单体的动物形象，它们不仅是彰显太平盛世的吉祥符号，同时也可能具有辟邪升仙的意义，因此，从功能层面上来讲，本卷与第七卷同属一类，只是同类的图像太多，为了读者查阅之便而划分为两卷。

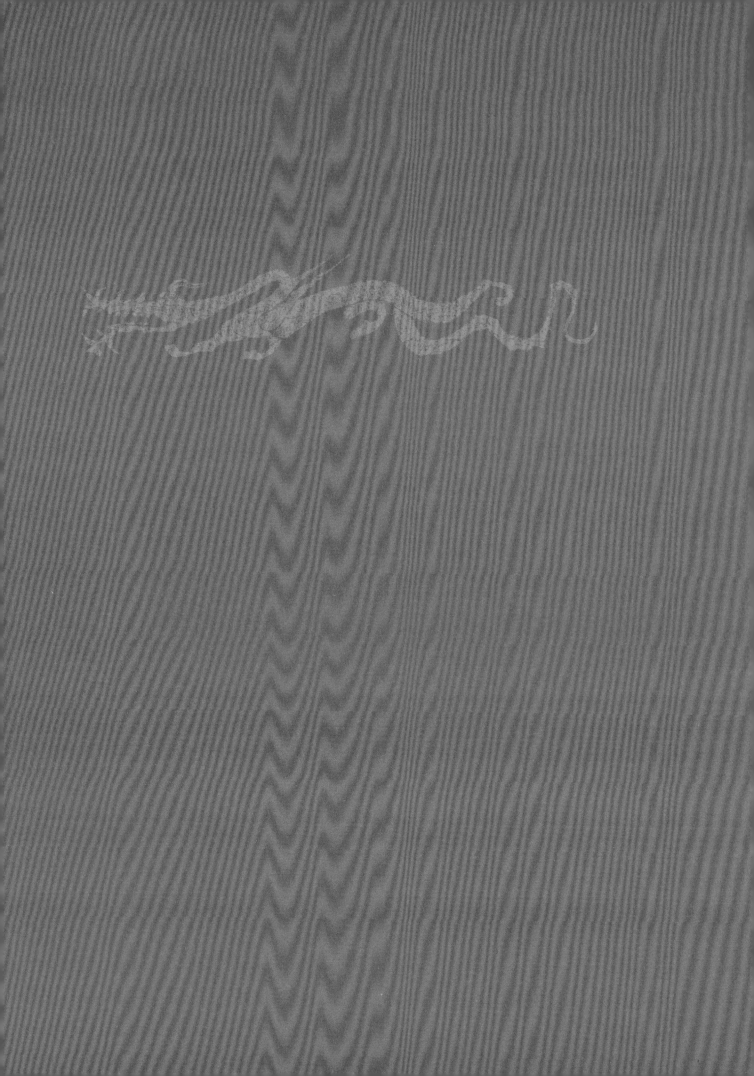

龙

112 cm × 40 cm　征集于南阳市

画刻一龙，曲颈张口，牙齿外露，身体弯曲。

应龙

115 cm×34 cm　征集于南阳市唐河县上屯

画刻一龙，有翼，龙尾卷曲。

龙

130 cm×38 cm 征集于南阳市

画刻一龙，展身曲颈作前行状，龙尾向上卷曲，龙身躯空白处饰云气。

龙

194 cm × 45 cm　征集于南阳市

画刻一龙，曲颈张口，牙齿外露，口吐长舌，身体弯曲。画间饰云气。

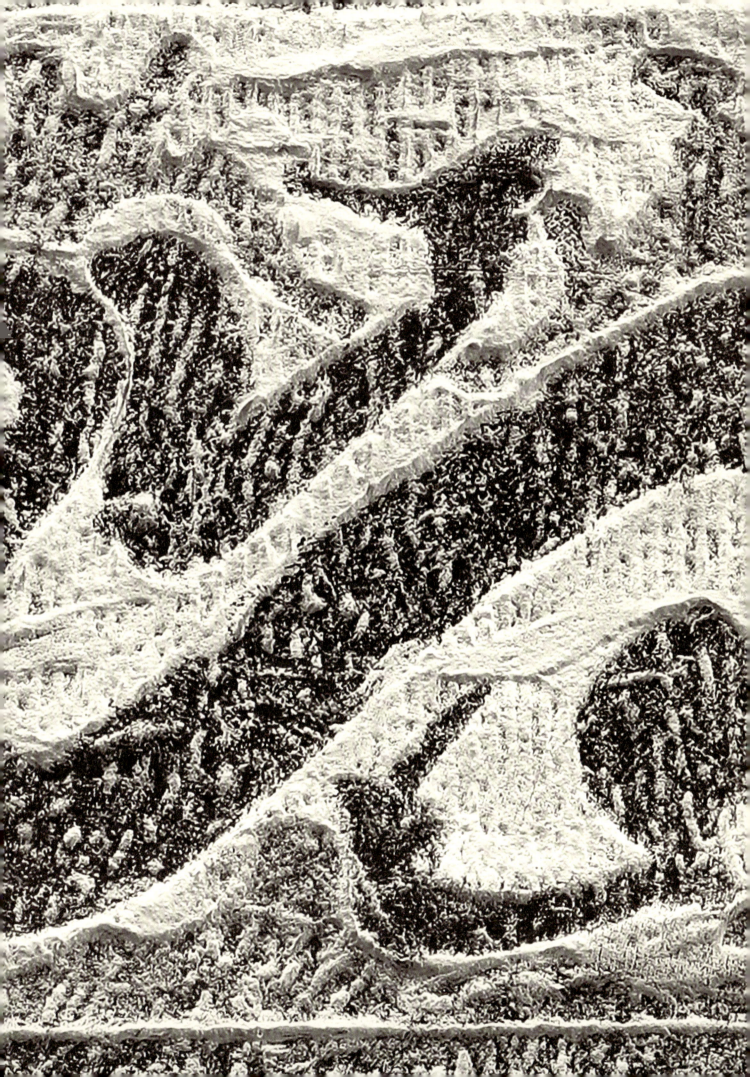

龙

105 cm × 30 cm　征集于南阳市

画中下部刻一龙，龙嘴前面似为草木，上部及左右饰菱形穿环图案。

龙

128 cm × 16 cm　征集于南阳市宛城区王府

（上图）画左刻三连圆环，右刻一龙，龙张口吐舌，身躯细长。

（下图）画刻一龙，龙口及龙身处细长，龙爪粗壮。

龙

130 cm × 17 cm 征集于南阳市宛城区王府

（下图）画刻一龙，龙口及龙身处细长，龙爪粗壮。

龙

105 cm ×27 cm　征集于南阳市

画刻一龙，张口露獠牙，龙头前饰一团云气。

龙

148 cm×23 cm　征集于南阳市

画刻一龙，龙身修长弯曲，龙头反转向后，体生羽毛。

龙

136 cm ×26 cm　征集于南阳市东关魏公桥

画刻一龙，龙身细长，龙头向后自咬其身，画面风化漫漶。

龙

136 cm × 26 cm　征集于南阳市东关魏公桥

画刻一人面蛇身动物（山神），头扭转向后，自咬其身。

龙

139 cm × 25 cm　征集于南阳市

画刻一龙，龙身细长，龙头扭转向后，自咬其身。

龙

138 cm×27 cm　征集于南阳市

画刻一龙，张口露牙，身体弯曲，体生羽毛。

龙

98 cm×26 cm　征集于南阳市

画刻一龙，身躯细长，上下弯曲。

龙

23 cm ×124 cm　征集于南阳市

画刻一龙，首上体下，盘曲向上，龙首为正面雕刻。

龙

31 cm×126 cm   征集于南阳市

画刻一龙，首上尾下，盘曲向上，龙首为正面雕刻。

龙

30 cm ×125 cm　征集于南阳市宛城区北关

画刻一鸟首蛇躯怪兽，身体盘曲向上，回首自衔其腹。

龙

138 cm ×25 cm　征集于南阳市

画刻一神怪，鸟头龙躯，盘曲回首，自衔其腹。

龙

104 cm × 39 cm 征集于南阳市

画刻一龙，尾细长，作回首状，画中空白处饰云气。

龙

166 cm × 39 cm　征集于南阳市

画刻一龙，长嘴圆眼，有耳长角，颈修长，躯干伸展作前行状，长尾后卷于足下。画间饰云气。

应龙

129 cm×31 cm   征集于南阳市

画刻一龙，长嘴，修颈，长尾，奋爪作前行状。

龙

31 cm×150 cm　征集于南阳市

画刻一龙，盘曲向上，圆眼，巨口，有角。画间饰云气。

龙

32 cm × 150 cm   征集于南阳市

画刻一龙，身躯缠绕向上，回首自衔其身。

龙

26 cm ×84 cm　征集于南阳市

画刻一兽，似龙，鸟头蛇身，盘曲向上，回首自衔其腹。

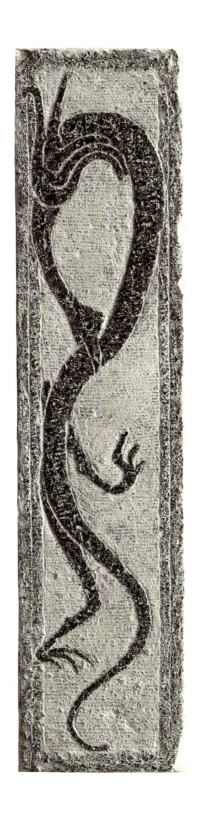

龙

30 cm × 102 cm　征集于南阳市

画刻一神兽，似龙，鸟喙蛇身，盘曲向上，回首自衔其腹。

龙

166 cm×35 cm　征集于南阳市阮堂

画刻一龙，长嘴修颈，伸展身躯作前行状。

应龙

150 cm × 39 cm   征集于南阳市

画刻一龙，昂首张口，肩生翼，伸展身躯作前行状。

龙

34 cm×135 cm　征集于南阳市

画刻一龙，盘曲向上，张巨口，回首。

龙

133 cm×40 cm 征集于南阳市

画刻一龙，头生长角，修颈，张巨口，作前行状。画间饰云气。

龙

134 cm × 38 cm　征集于南阳市

画刻一龙，伸首引颈，肩生翼，长尾缠于两后腿。画间饰云气。

龙

201 cm×30 cm 征集于南阳市

画刻一龙，头生长角，张巨口，尾巴硕长，迈四足作前行状，龙头部分下刻山峦。

龙

157 cm × 39 cm　征集于南阳市

画刻一龙，四爪长尾，颈部弯曲，头生角，仰头张口，尖牙外露。画间饰云气。

龙

135 cm × 39 cm　征集于南阳市

画刻一龙，有翼有角，长尾，曲颈张口，迈四足作前行状。下刻山峦。

龙

136 cm × 22 cm　征集于南阳市

画左刻一龙，曲颈昂首，迈四足作前行状，长尾蜷曲于后腿之间；右刻一兽。

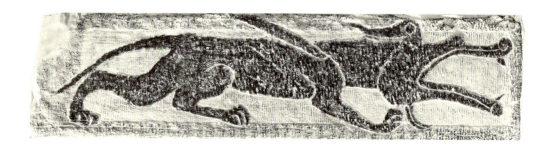

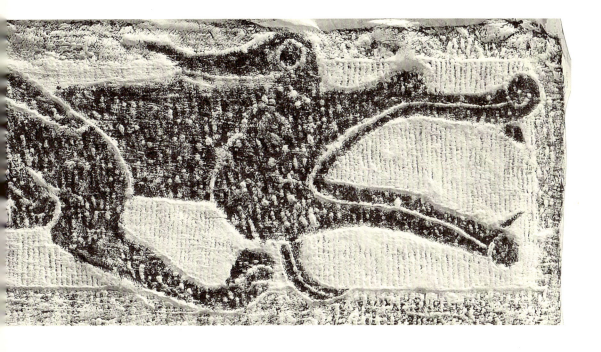

龙

144 cm ×36 cm　征集于南阳市一中

画刻一龙，身体粗壮，有翼，尾巴细长，张口露两颗獠牙，俯身弓背，迈四足作前行状。

龙

161 cm × 40 cm　征集于南阳市

画刻一龙，张口露牙，头生尖角，长尾后卷，迈四足作前行状。

龙

163 cm ×34 cm　征集于南阳市宛城区十里铺

画刻一龙，身躯细长弯曲，四爪，独角，张口，迈四足作前行状。

龙

193 cm × 39 cm　征集于南阳市桑园路

画刻一龙，有角，张巨口，牙齿上下对列，背生双翼，长尾，迈四足作前行状。画间饰云气。

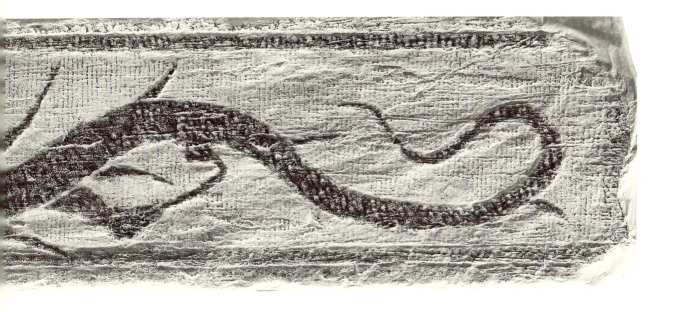

龙

148 cm × 33 cm　征集于南阳市

画刻一龙，独角，尖嘴，颌下有须，身形修长，扭身弯曲，回首自衔其身。

龙

119 cm × 38 cm　征集于南阳市

画刻一龙，圆眼，独角，张口露牙，肩生双翼，长尾。画间饰云气。

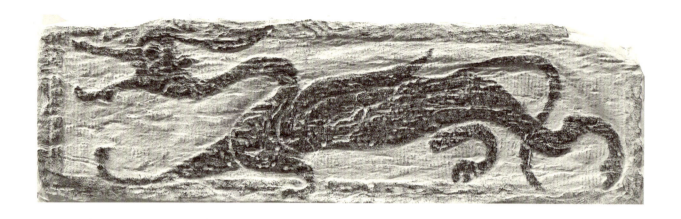

应龙

119 cm × 34 cm　征集于南阳市

画刻一龙，曲颈，独角，张巨口，肩生翼，长尾，四肢粗壮，迈四足作前行状。

应龙

109 cm ×28 cm　征集于南阳市

画刻一龙，肩生翼，张口，卷尾，作奋走状。

应龙

137 cm×38 cm　征集于南阳市

画刻一龙，张口伸颈，肩生翼，作奔腾状。画间饰云气。

画刻一龙，张巨口，圆眼，长角修颈，盘曲身躯，拖卷长尾作奔腾状。

龙

112 cm × 37 cm　征集于南阳市

画刻一龙，张巨口，圆眼，长角修颈，盘曲身躯，拖卷长尾作奔腾状。

龙

136 cm×31 cm　征集于南阳市

画刻一兽，似龙，采用高浮雕手法雕刻。

龙

104 cm × 31 cm　征集于南阳市

画刻一龙，张口露齿，圆眼，四爪，身生羽毛，龙身弯曲。

应龙

136 cm × 37 cm　征集于南阳市

画刻一龙，有翼有角，曲颈张口，尾部分叉。画间饰云气。

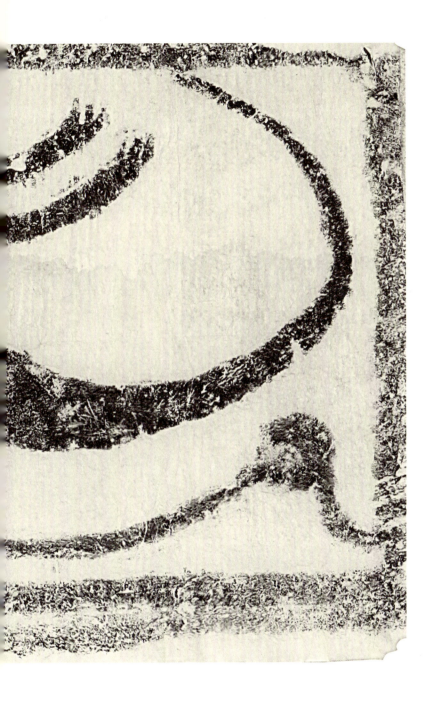

龙

160 cm × 40 cm   征集于南阳市（已调河南博物院）

画刻一龙，有翼，张口，曲体，奋爪向前作奔腾状，龙体下方点缀一条云带纹。

龙（局部）

126 cm × 37 cm　征集于南阳市

画刻一龙，仅剩龙后部肢体与长尾，龙尾尖呈三角形状。

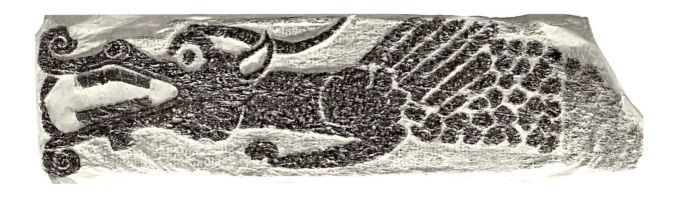

龙首

166 cm × 42 cm　征集于南阳市

画刻一龙头，有角有翼，龙口处高浮雕显现出上下牙齿对列。

龙首

166 cm × 42 cm 征集于南阳市

画刻一龙头，有角有翼，爪前伸，龙口处采用高浮雕手法雕刻。

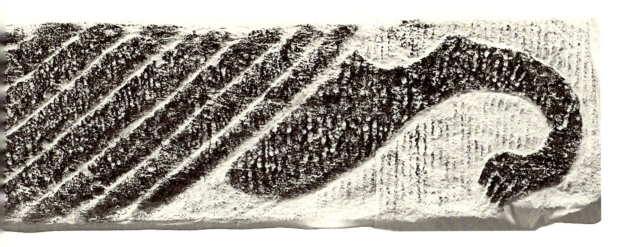

应龙（局部）

208 cm × 32 cm　征集于南阳市

画刻一龙，张巨口，牙齿上下对列，角尖长，有耳，体生翼而有鳞，前爪伸于躯体下方。

龙首

135 cm × 46 cm　征集于南阳市

画刻一龙首,有翼,张口露牙,龙口为高浮雕,画面上部有两个凹槽。

龙首

112㎝×46㎝　征集于南阳市

画刻一龙首，长嘴，口中牙齿上下对列，有长角，颔下有须。

龙首

112 cm × 46 cm　征集于南阳市

画刻一龙首，长嘴，张巨口，牙齿上下对列，有耳。

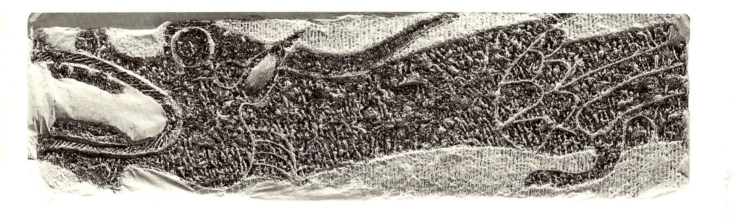

龙首

143 cm ×40 cm　征集于南阳市

画刻一龙首，张巨口，牙齿上下对列，圆眼，有耳，长角，体生翼而有鳞，有一前爪。

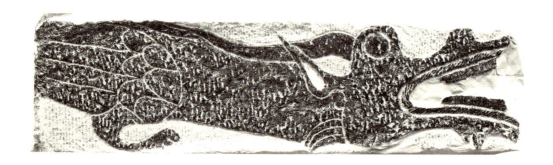

画刻一龙首，张巨口，牙齿上下对列，有耳，长角，体生翼而有鳞，有一前爪。

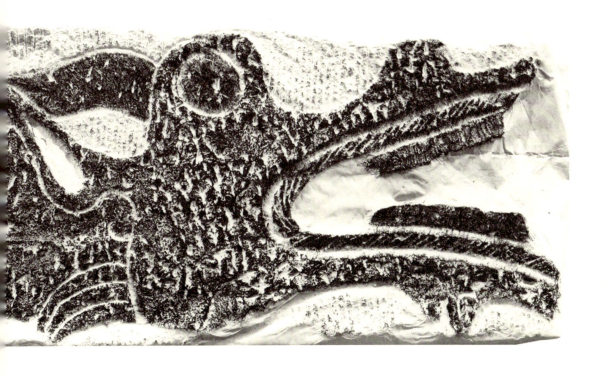

龙首

143 cm×40 cm　征集于南阳市

画刻一龙首，张巨口，牙齿上下对列，有耳，长角，体生翼而有鳞，有一前爪。

龙首

150 cm × 20 cm　征集于南阳市

（上图）画刻一龙首，张巨口，圆眼，肩生翼。

（下图）画刻一龙首，张巨口，圆眼，肩生翼。

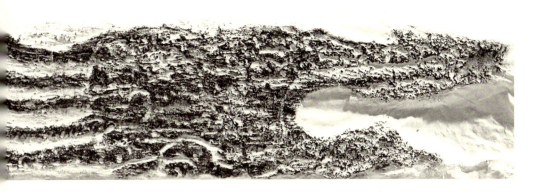

龙首

150 ㎝ ×20 ㎝　征集于南阳市

（下图）画刻一龙首，张巨口，圆眼，肩生翼。

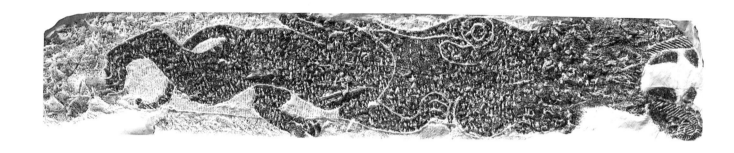

龙

205 cm × 33 cm　征集于南阳市草店

画刻一龙，张巨口，圆眼，有耳，长角，体生翼，圆腹，四肢作前行状。

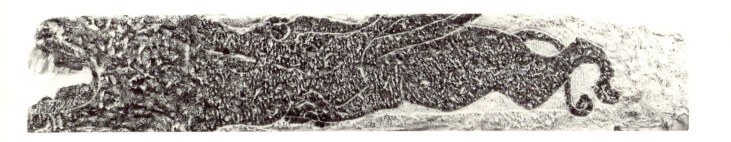

龙

205 cm×33 cm　征集于南阳市草店

画刻一龙，巨首，短躯干，体生翼，长尾卷于后肢下方。

龙首

156 cm × 40 cm　征集于南阳市十里庙

画刻一龙首（口部残缺），体生翼而有鳞，巨口，颌下有须，一前足置于身下。

龙首

142 cm ×40 cm 征集于南阳市

画刻一龙首，巨口，口中牙齿上下对列，圆眼，有耳，长角，肩生翼，颔下有须，一前足置于身下。

龙首

156 cm ×40 cm　征集于南阳市十里庙

画刻一龙首，张巨口，圆眼，有耳，长角，颌下有须，肩生翼，体生鳞，一前足置于身下。

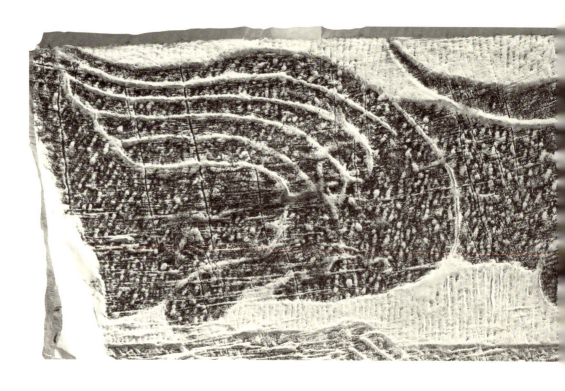

龙首

142 cm ×40 cm　征集于南阳市

画刻一龙首，张巨口，口中牙齿上下对列，圆眼，有耳，长角，肩生翼，颌下有须。

龙首

120 cm × 32 cm　征集于南阳市

画刻一龙首，张巨口，口中有齿，圆眼，有角，肩生翼，体生鳞。

龙首

120 cm × 32 cm　征集于南阳市

画刻一龙首，张巨口，圆眼，有耳，长角，体生鳞。龙口部残损。

龙首

166 cm ×24 cm　征集于南阳市

画刻一龙首，圆眼，长角，张巨口，修身，肩生翼，体生鳞。

龙首

148 ㎝ ×42 ㎝ 征集于南阳市

画刻一龙首，张巨口（上吻缺失），圆眼，有耳，长角，颌下有须，体生翼而有鳞，一前足
置于身下。

龙首

148 cm×42 cm　征集于南阳市

画刻一龙首，张巨口（口部残损），口中有牙，长角，有耳，颌下有须，一前足置于身下。

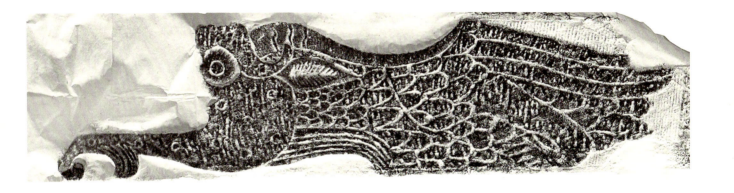

龙首

165 cm×37 cm　征集于南阳市

画刻一龙首（口部残损），圆眼，长角，有耳，颌下有须，肩生翼，体生鳞。

龙首

165 cm×37 cm　征集于南阳市

画刻一龙首，巨口（口部残损），圆眼，有耳，长角，颔下有须，肩生翼，体生鳞。

画刻一龙首，张巨口（口部残损），口中有牙，上下对列整齐，圆眼，长角，颌下有须，肩
生翼，体生麟。

龙首

130 cm × 39 cm   征集于南阳市宛城区袁庄

画刻一龙首，张巨口（口部残损），口中有牙，上下对列整齐，圆眼，长角，颌下有须，肩
生翼，体生麟。

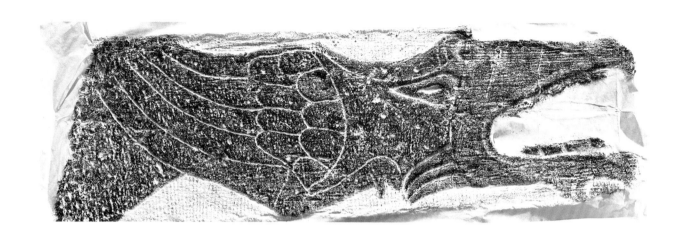

龙首

130 cm × 39 cm　征集于南阳市宛城区袁庄

画刻一龙首（口部残损），一耳，一长角，颔下有须，肩生翼。

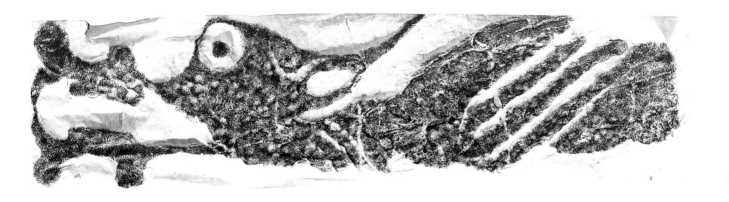

龙首

151 cm × 39 cm　征集于南阳市

画刻一龙首，张巨口，口中有齿，上下对齐，圆眼，尖耳，肩生翼。画面漫漶严重。

龙首

151 cm × 39 cm　征集于南阳市

画刻一龙首，张巨口，圆眼，头生长耳。画面漫漶严重。

龙首

166 cm × 40 cm　征集于南阳市

画刻一龙首，张巨口，上下牙齿对列整齐，有耳，生一长角，肩生翼。

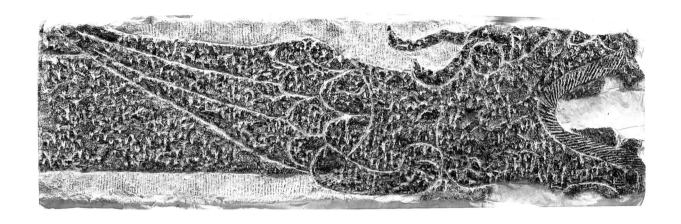

龙首

140 ㎝ × 41 ㎝　征集于南阳市

画刻一龙首，有角，张巨口，口中牙齿上下对列，龙口采用透雕的雕刻手法。

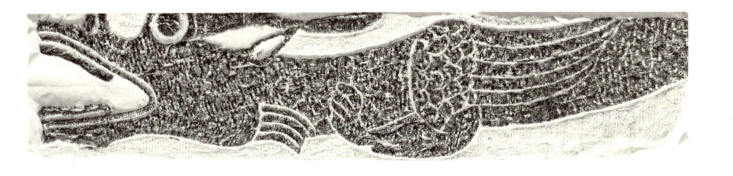

龙首

181 cm×40 cm　征集于南阳市

画刻一龙首，张巨口，口中牙齿上下对列整齐，圆眼，有耳，长角，颔下有须，肩生翼，体生鳞。

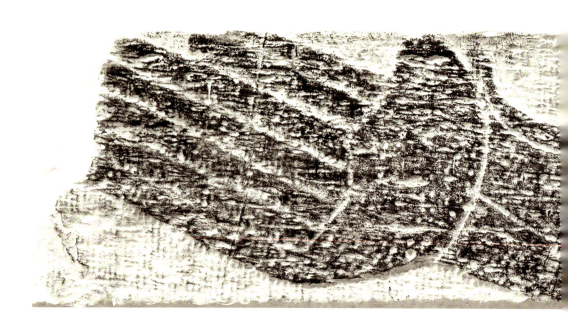

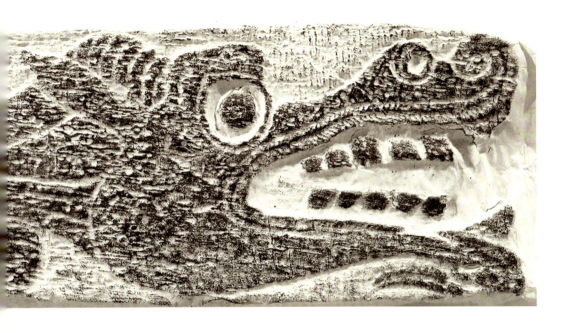

龙首

166 cm × 40 cm　征集于南阳市

画刻一龙首,张巨口,口中牙齿上下对列整齐,圆眼,小耳,长角,颌下有须,肩生翼,体生鳞。

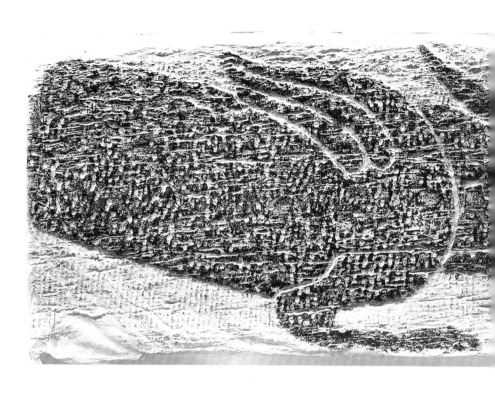

龙首

143 cm × 44 cm   征集于南阳市

画刻一龙首，张巨口，口中牙齿上下对列整齐，口前部上下两尖牙对齐，圆眼，有耳，长角，颌下有须，肩生翼，一前足置于身下。

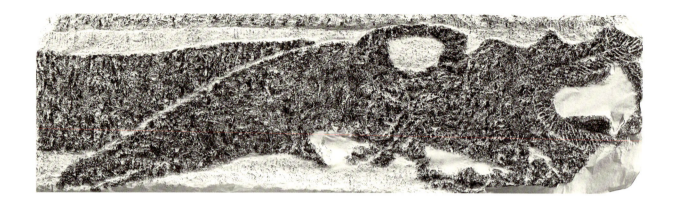

龙首

140 cm × 41 cm　征集于南阳市

画刻一龙首，原石残损严重，只见龙首轮廓。

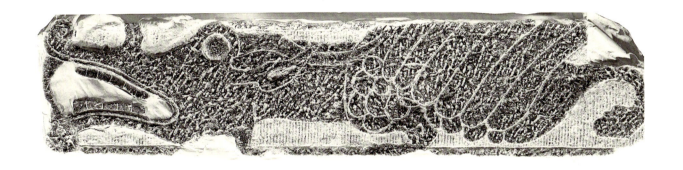

龙首

178 ㎝ ×39 ㎝ 征集于南阳市

画刻一龙首，长吻，张巨口，牙齿上下对列，圆眼，有耳，肩生翼，一前足置于身下。

龙首

143 cm ×44 cm　征集于南阳市

画刻一龙首，口部采用高浮雕的雕刻手法，给人以立体的效果，圆眼，有耳，颌下有须，肩
生翼，一前足置于身下。

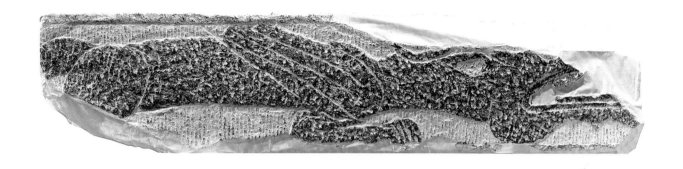

龙首

186 cm × 42 cm   征集于南阳市

画刻一龙首，龙口上部分残缺，有耳，肩生翼，一前足置于身下。

龙首

164 cm × 37 cm　征集于南阳市

画刻一龙首，张巨口，圆眼，小耳，长角，肩生翼，一前足置于身下。

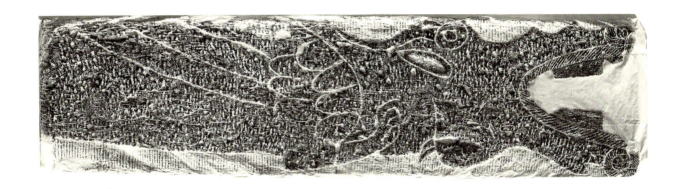

龙首

150 cm × 40 cm　征集于南阳市

画刻一龙首，张巨口，口中牙齿排列整齐，圆眼，小耳，尖角，肩生翼。

龙首

150 cm × 40 cm　征集于南阳市

画刻一龙首，张口，龙口部残损严重，圆眼，小耳，尖角，肩生翼。

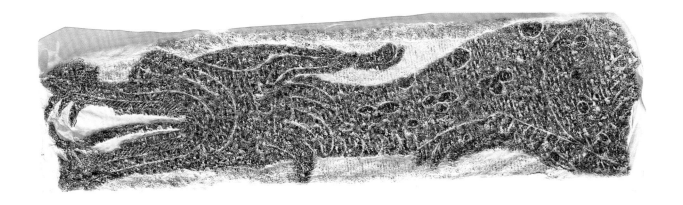

龙首

151 ㎝ × 39 ㎝　征集于南阳市

画刻一龙首，张巨口，尖牙上下对列并露出长舌，长耳，颌下有须，身躯饰斑点，一前足置于身下。

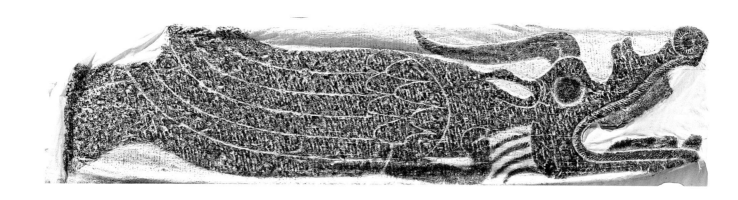

龙首

159 cm × 40 cm　征集于南阳市

画刻一龙首，张巨口，牙齿上下对列，圆眼，一耳，长角，颔下有须，肩生翼，身躯粗壮，
一前足置于身下。

龙首

184 cm×47 cm　征集于南阳市

画刻一龙首，张巨口，圆眼，有耳，长角，体生翼与鳞。

龙首

184 cm ×47 cm　征集于南阳市

画刻一龙首，张巨口，口中牙齿上下对列整齐，圆眼，小耳，长角，肩生翼，一前足置于身下。

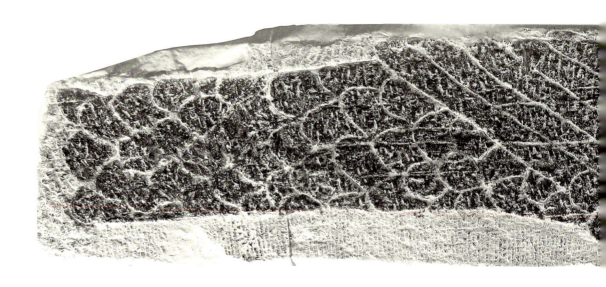

画刻一龙首，张巨口，圆眼，长角，体生翼与鳞，身与尾较短。该龙獠牙处为透雕。

龙首

216 cm ×39 cm   征集于南阳市

画刻一龙首，张巨口，圆眼，长角，体生翼与鳞，身与尾较短。该龙獠牙处为透雕。

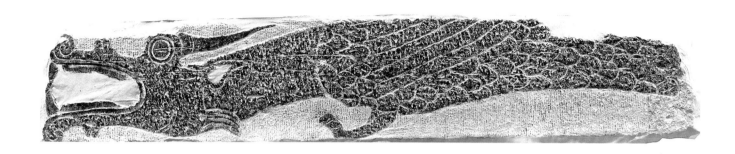

龙首

216 cm × 39 cm　征集于南阳市

画刻一龙首，张巨口，圆眼，长角，体生翼与鳞，身与尾较短。该龙獠牙处为透雕。

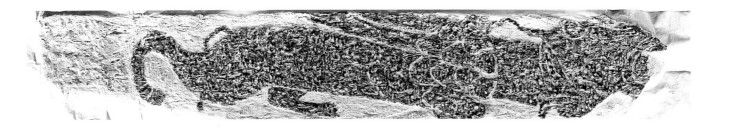

龙

225 cm × 34 cm　征集于南阳市

画刻一龙，张巨口，圆眼，长角，体生翼与鳞，身与尾较短。头部残损。

龙

225 cm × 34 cm　征集于南阳市

画刻一龙，张巨口，圆眼，长角，体生翼与鳞，身与尾较短，作腾飞行进状。

画刻一龙，张巨口，圆眼，长角，体生翼与鳞，身与尾较短。

龙

214 cm×25 cm　征集于南阳市

画刻一龙，张巨口，圆眼，长角，体生翼与鳞，身与尾较短。

龙

240 cm × 33 cm　征集于南阳市

（上图）画刻一龙，张巨口，圆眼，长角，体生翼与鳞，身与尾较短，作腾飞行进状。

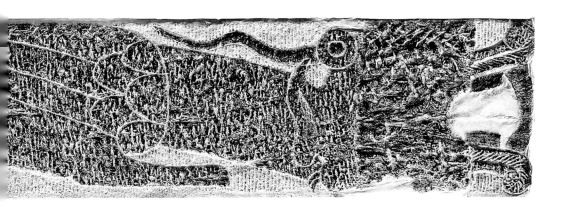

龙

240 cm × 33 cm　征集于南阳市

（下图）画刻一龙，张巨口，圆眼，长角，体生翼与鳞，身与尾较短，作腾飞行进状。

龙身

180 cm × 36 cm　征集于南阳市

画刻一龙，头部不辨，身形肥大，一尾置于两后腿之间，似在前行。

龙身

180 cm × 36 cm   征集于南阳市

画刻一龙, 肩生翼, 体生鳞, 短身而细尾。

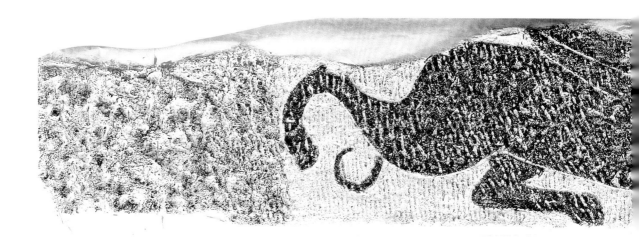

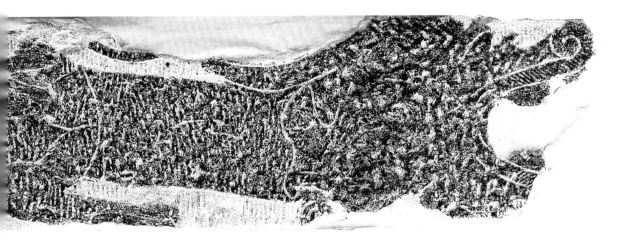

龙

195 cm × 32 cm　征集于南阳市

画刻一龙，张口龇牙，长角，体生翼，长颈而身短。该石刻口部为高浮雕与透雕。

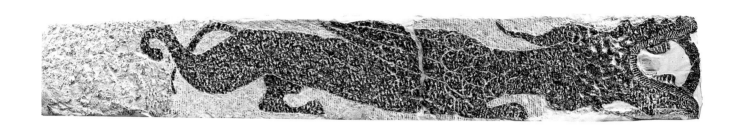

龙

223 cm × 29 cm　征集于南阳市草店

画刻一龙，张巨口，圆眼，长角，体生翼与鳞，身与尾较短。该龙獠牙处为透雕。

画刻一龙，张巨口，圆眼，长角，体生翼与鳞，身与尾较短。该龙獠牙处为透雕。

龙

223 cm × 29 cm　征集于南阳市草店

画刻一龙，张巨口，圆眼，长角，体生翼与鳞，身与尾较短。该龙獠牙处为透雕。

龙

195 cm ×32 cm　征集于南阳市

画刻一龙，体生翼与鳞。

画刻一龙，有角，体生翼和鳞，向前作行走状。

龙身

244 cm ×32 cm　征集于南阳市

画刻一龙，有角，体生翼和鳞，向前作行走状。

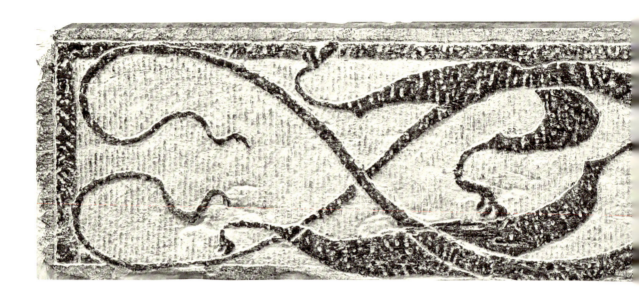

双龙

161 cm × 33 cm　征集于南阳市东关魏公桥

画刻并列两龙，龙头部位相背，龙首及龙身三处交叉，画面完整，但有轻微风化。

交龙

35 cm×140 cm　征集于南阳市熊营

画上刻双环套连，下刻二龙相互缠绕，首尾互衔。

龙穿璧

142 cm×37 cm　征集于南阳市唐河白庄

画刻一龙，张口扭身回首，长尾交成圆环璧状。

二龙穿璧

147 cm × 37 cm　征集于南阳市唐河白庄

画刻二龙，龙首左右相对，长尾相交成圆环璧状。

二龙穿璧

255 cm × 45 cm　征集于南阳市唐河白庄

画刻二龙，回首张巨口，二尾交缠成圆环璧状。

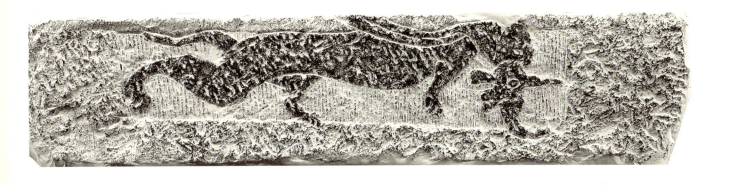

兕

110 cm×23 cm　征集于南阳市

画刻一独角兽，有翼，作低头前抵状。

兕

116 cm × 33 cm　征集于南阳市

画刻一兕，长嘴，独角，长尾，迈开四肢作前行状。

兕

73 cm × 32 cm   征集于南阳市蒲山

画刻一独角兽，低头弓背，肩生翼，作奔走状。

兕

82 cm × 26 cm　征集于南阳市

画刻一兽，独角，肩生翼，长尾生叉，俯首弓背作前抵状。

画刻一兕，身躯肥大，独角，俯首弓背作前抵状。

兕

90 cm × 25 cm　征集于南阳市

画刻一兕，身躯肥大，独角，俯首弓背作前抵状。

兕

100 cm × 26 cm　征集于南阳市

画刻一兕，头生尖角，身形肥壮，肩生翼，俯首弓背作奋力前抵状。

兕

115 cm ×29 cm   征集于南阳市高新路东拐角

画刻一兕，角细长，肩生翼，尾分双叉，俯首弓背作奋力前抵状。

兕

110㎝×38㎝　征集于南阳市

画刻一兕，独角，圆眼，背生翼，俯首奋蹄翘尾作角抵状。

画刻二兕，俯首弓背，跃蹄扬尾，独角相互抵触，背生翼，尾生三叉。

二兕

129 ㎝ ×28 ㎝   征集于南阳市桑园路

画刻二兕，俯首弓背，跃蹄扬尾，独角相互抵触，背生翼，尾生三叉。

画刻一兕，独角，有翼，俯首弓背作奋力前抵状。

兕

108 cm ×25 cm   征集于南阳市

画刻一兕，独角，有翼，俯首弓背作奋力前抵状。

画刻一兕，身壮如牛，独角，俯首弓背作奋力前抵状。

兕

126 cm × 46 cm 征集于南阳市

画刻一兕，身壮如牛，独角，俯首弓背作奋力前抵状。

画刻一兕，独角，有耳，肩生翼，尾巴生叉，俯首弓背作奋力前抵状。

兕

171 cm×46 cm　征集于南阳市

画刻一兕，独角，有耳，肩生翼，尾巴生叉，俯首弓背作奋力前抵状。

兕

144 cm × 47 cm　征集于南阳市

画刻一兕，独角，体生翼，俯首弓背作奋力前抵状。

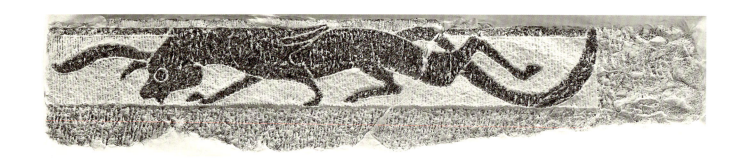

兕

179 cm ×37 cm　征集于南阳市

画刻一兕，独角，长尾曳地，俯首前行。

画刻一兽，独角，肩生翼，俯首弓背作奋力前抵状。

兕

100 cm × 24 cm   征集于南阳市

画刻一兽，独角，肩生翼，俯首弓背作奋力前抵状。

画刻一兽，独角，有翼，俯首作前行状。

兕

81 cm × 23 cm　征集于南阳市

画刻一兽，独角，有翼，俯首作前行状。

熊

熊

31 cm ×78 cm　征集于南阳市东关菜园

画刻一熊，前肢上举，张口瞪眼，单腿站立。

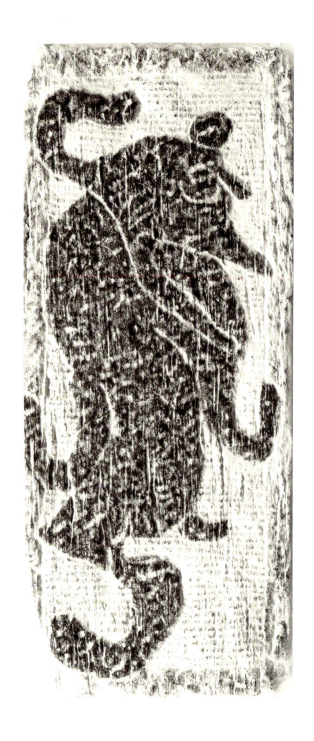

熊

73 cm × 32 cm　征集于南阳市蒲山

画刻一熊，扭身低头，张口瞪眼，四爪张开，画面有水蚀纹。

熊

109 cm × 32 cm　征集于南阳市

画刻一柏树、一熊，熊龇牙咧嘴，躯体后蹲。

熊

31 cm × 40 cm　征集于南阳市

画刻一熊，张口，前肢作上举状。

熊

84 cm×32 cm　征集于南阳市

画刻一熊，前肢伸展，扭身回首张望。

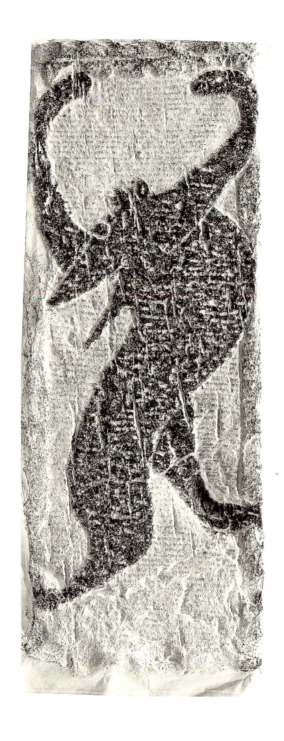

熊

28 cm ×94 cm　征集于南阳市

画刻一熊，顿足扭身，前肢上举，向后张望。

熊

27 cm ×77 cm　征集于南阳市

画刻一熊，作回首张望状。

熊

32 cm × 40 cm　征集于南阳市邢营

画刻一熊，立身顿足，挥前肢向后顾望。

虎

白虎

160 cm × 40 cm　征集于南阳市健康路

画刻一虎，昂首挺胸，长尾，迈四爪作前行状。画间饰云气。

白虎

86 cm × 32 cm　征集于南阳市

画刻一虎，瞪目张口前奔。画间饰云气。

画面刻一虎，左端残缺。

白虎（局部）

89 cm × 32 cm 征集于南阳市

画面刻一虎，左端残缺。

白虎

113 cm × 23 cm　征集于南阳市唐河县湖阳罐山

画左刻一虎，张口奋爪作奔跑状。右端似刻一人，但已漫漶不清。

画刻一虎，长尾卷曲，肩生翼，作前行状。

翼虎

129 cm ×31 cm　征集于南阳市

画刻一虎，长尾卷曲，肩生翼，作前行状。

白虎

130 cm ×40 cm 征集于南阳市

画刻一虎，张巨口，口中有牙，长尾，迈四爪作前行状。画间饰云气。

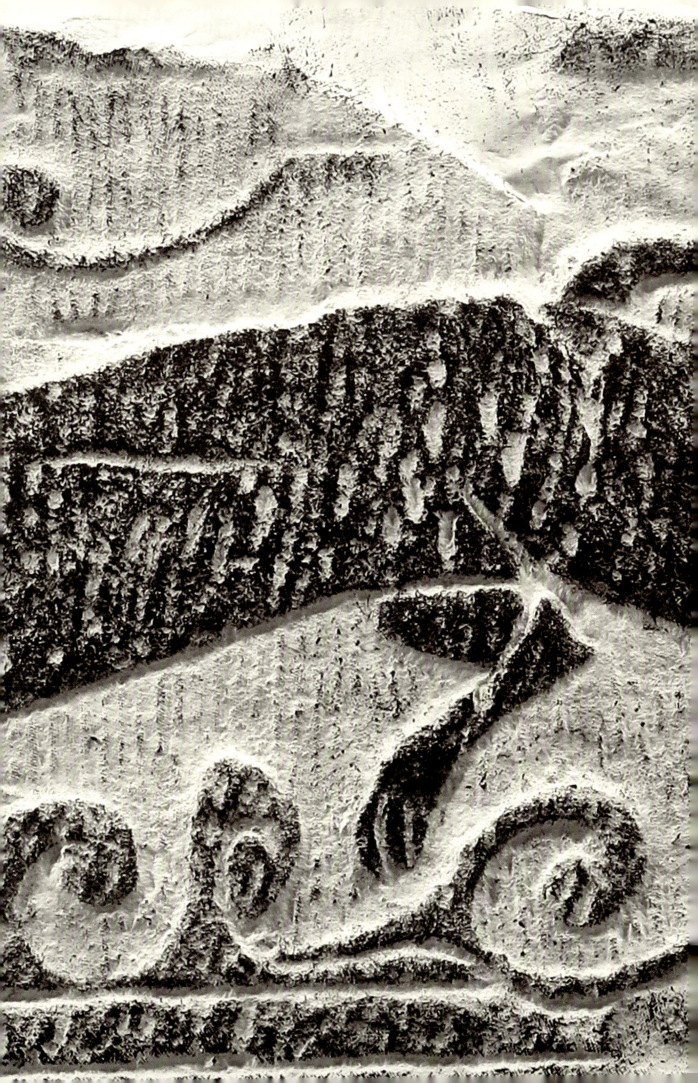

画刻一虎，昂首，张巨口，尖牙外露，扬尾，迈四爪作前行状。画间饰云气。

白虎

157㎝×39㎝　征集于南阳市

画刻一虎，昂首，张巨口，尖牙外露，扬尾，迈四爪作前行状。画间饰云气。

白虎

166 cm×35 cm　征集于南阳市阮堂

画刻一虎，巨口长舌，曳长尾，迈四爪作前行状。画间饰云气。

白虎

175 cm × 40 cm   征集于南阳市武侯祠院内

画刻一虎，张巨口，口中有尖牙，颌下有须，长尾，俯身作前行状。画间饰云气。

白虎

133 cm × 40 cm　征集于南阳市

画刻一虎,昂首弓背,尾巴挺直,迈四爪作前行状。画间饰云气。

白虎

143 cm × 34 cm　征集于南阳市

画刻一虎，体态壮硕，张巨口，昂首扬尾，迈四爪作前行状。

饲虎

137 cm × 41 cm　征集于南阳市王宛城区新华办事处院内

画左刻一虎，昂首迈四爪前行；右刻一人，手执一棍状物面虎而立。

白虎

161 cm × 40 cm 征集于南阳市

画刻一虎（虎头残），昂首扬尾，迈四爪作前行状。虎身后刻山峦。

画刻一虎，有耳，张巨口，扬尾，迈开四爪作前行状。

白虎

119 cm ×38 cm 征集于南阳市

画刻一虎，有耳，张巨口，扬尾，迈开四爪作前行状。

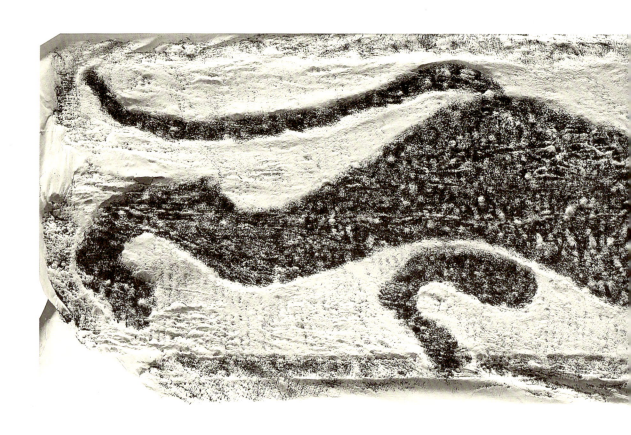

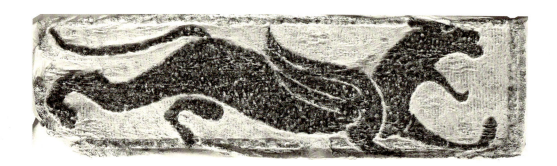

画刻一虎，有耳，昂首扬尾，张巨口，肩生羽翼，迈开四爪作前行状。

翼虎

119 cm × 34 cm　征集于南阳市

画刻一虎，有耳，昂首扬尾，张巨口，肩生羽翼，迈开四爪作前行状。

白虎

92 cm × 43 cm　征集于南阳市

画刻一虎，昂首，张巨口，尾巴上扬，迈四爪作前行状。

白虎

94 cm × 38 cm　征集于南阳市

画刻一虎，有耳，扁眼，身形肥大，张口奋爪，腾身翘尾。

画刻一虎，张口，翘尾，作前行状。

白虎

88 cm × 24 cm 征集于南阳市

画刻一虎，张口，翘尾，作前行状。

画刻仅存虎身尾部，虎作奔腾状，虎后下方部分剥地。

白虎（局部）

115 cm×39 cm 征集于南阳市

画刻仅存虎身尾部，虎作奔腾状，虎后下方部分剥地。

白虎

128 cm × 40 cm　征集于南阳市邢营

画刻一虎（头部残），张口奋爪，身翘长尾作奔走状。

画刻一虎，张口奋爪跃身于山峦之上。

白虎

109 ㎝ ×58 ㎝　征集于南阳市

画刻一虎，张口奋爪跃身于山峦之上。

画刻一虎，张巨口，奋力作前行状。

白虎

109 cm ×26 cm　征集于南阳市

画刻一虎，张巨口，奋力作前行状。

白虎

173 cm × 35 cm　征集于南阳市

画刻一虎，奋爪展身，尾巴伸直，抬头瞪目张口作前行状。

白虎

161 cm ×21 cm　征集于南阳市

画刻一虎，瞪目张口，脊背挺直，四爪贴地，俯首作前行状。

其他

画刻一兽，兽首似兕而身如虎。

异兽

78 cm ×32 cm　征集于南阳市

画刻一兽，兽首似兕而身如虎。

异兽

126 cm × 33 cm　征集于南阳市安居新村

画刻一兽，独角，圆头，有翼，长尾，张口向前作奔走状。

画刻一鹿，头生两长角，细长分叉，短尾，迈四蹄作奔跑状。画间饰云气。

鹿

142 cm ×40 cm　征集于南阳市

画刻一鹿，头生两长角，细长分叉，短尾，迈四蹄作奔跑状。画间饰云气。

神兽

187 cm × 39 cm　征集于南阳市

画刻一兽，前身粗壮，独角弯曲上翘，尾巴末端形如蒲扇，弓背俯首前行。画间饰云气。

鱼

90 cm × 82 cm　征集于南阳市

此石为祭案，下方凿一正方形凹槽，凹槽上方刻一鱼。

辟鬼象人

32 cm × 123 cm　征集于南阳市解放路

画刻一神人，前肢上扬，两眼圆瞪，张口露齿，腋下及腰胯部生羽毛，单腿赤脚站立。

画刻一神人，右手上举，左手握一长剑，鼓腹露爪，尾巴卷曲下垂。

辟鬼象人

30 cm ×104 cm 征集于南阳市

画刻一神人，右手上举，左手握一长剑，鼓腹露爪，尾巴卷曲下垂。

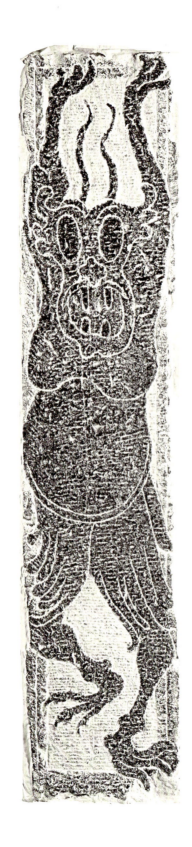

辟鬼神兽

34 cm ×162 cm　征集于南阳市

画刻一神兽，头生双角，双眼如铃，巨口如盆，尖牙外露，鼓腹利爪，体生羽毛，双臂上举，
作凶神恶煞状。

神人·龙·虎

32 cm ×130 cm　征集于南阳市宛城区王府

画上部刻一人，长发上束，腿部强壮；下部刻龙虎相对。

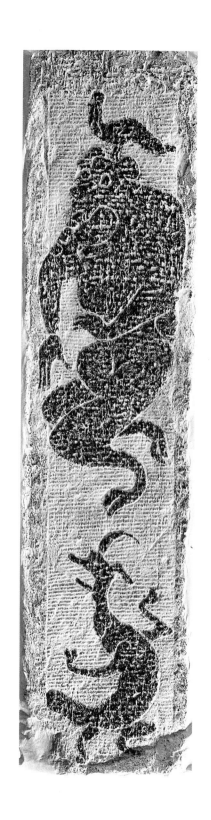

神人·兽

29 cm×120 cm　征集于南阳市

画上部刻一神人，两目圆睁，头梳发髻，上肢为手，下肢为爪，神人头上站立一鸟；神人下
刻一兽，张口，大尾，前爪伸开上扬，后爪着地，有角。

画右刻一龙，口部、颈部及身体残缺；画左刻一大螺，前半身从螺壳中探出，两臂前伸，与
龙相呼应。

大螺·龙（局部）

98 cm ×30 cm　征集于南阳市

画右刻一龙，口部、颈部及身体残缺；画左刻一大螺，前半身从螺壳中探出，两臂前伸，与
龙相呼应。

龙衔鱼·虎

166 cm ×31 cm　征集于南阳市唐河县下屯

画左刻一虎，后腿抬起，扭头回望一鱼；右刻一龙，张嘴欲吞其前之鱼。

画左刻一兽头，右刻一龙头虎身动物。

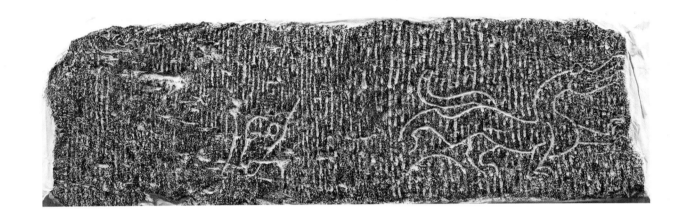

兽头·龙

120 cm × 36 cm 征集于南阳市

画左刻一兽头，右刻一龙头虎身动物。

大象・凤凰・桃拔

170 cm ×42 cm　征集于南阳市

画刻三神兽：左刻一长鼻象，头生一角；中刻一长尾凤鸟；右刻一桃拔。画面上部刻三角形图案，画间饰云气。

龙·虎

190 cm × 44 cm   征集于南阳市

画刻两神兽，其下刻连绵山峦。

翼虎·双熊

142 cm ×90 cm　征集于南阳市英庄

画上部刻一带羽翼的老虎，昂首张口，奋爪翘尾；下部刻对称的两只熊，皆顿足，扭躯，扬臂，回首相望。画四周饰云气。

神人·龙

129 cm × 49 cm　征集于南阳市

画刻一龙和一神人。龙修颈，回首张口；神人人首蛇身，与龙交缠在一起。画间饰云气。

画左刻一龙，张口，翘角，曲颈，长尾，迈四足迎向其前之螺。螺女从螺壳（残）中探出头，两臂作前伸状。

龙戏螺女

224 ㎝ × 46 ㎝　征集于南阳市

画左刻一龙，张口，翘角，曲颈，长尾，迈四足迎向其前之螺。螺女从螺壳（残）中探出头，两臂作前伸状。

画中刻一熊，双手各执两侧之龙的尾巴。

熊戏二龙

165 cm × 40 cm　征集于南阳市唐河湖阳罐山

画中刻一熊，双手各执两侧之龙的尾巴。

雄狮

118 cm ×80 cm　南阳市邢营二号墓出土，封门石

画中刻一兽，身似虎，头大且有长鬃毛，应为一头雄狮，它昂首挺胸，张口翘尾，向右奔驰。
画像四周有连弧状边框。

画中刻一兽，身似虎，但头略比虎大，应为一头母狮，它张口翘尾，向左行走。画像四周有连弧状边框。

母狮

116 cm × 88 cm　南阳市邢营二号墓出土，封门石

画中刻一兽，身似虎，但头略比虎大，应为一头母狮，它张口翘尾，向左行走。画像四周有
连弧状边框。

画上部刻一兽，似马，肩生翼；下部刻一兽，前半身残缺。

天马（局部）

66 cm×57 cm 征集于南阳市

画上部刻一兽，似马，肩生翼；下部刻一兽，前半身残缺。